Casi, casi

por Nat Gabriel
ilustrado por Elizabeth Wolf

Scott Foresman

Oficinas editoriales: Glenview, Illinois • New York, New York
Ventas: Reading, Massachusetts • Duluth, Georgia
Glenview, Illinois • Carrollton, Texas • Menlo Park, California

Tito saltó mojándolo todo.

Nico estaba asustado.
Casi, casi saltó.
Pero no saltó.

Tito saltó y se
rio felizmente.

Nico miró y pensó: "Ahora sí".
Casi, casi saltó.
Pero no saltó.

Tito saltó de nuevo.
Se estaba divirtiendo.

Nico miró asustado otra vez.
Casi, casi saltó.
Pero no saltó.

Tito corrió como un rayo.
Subió al columpio de un brinco.

Nico estaba asustado.
Casi, casi se subió.
Pero no se subió.

Tito cogió una manzana.
Casi, casi la mordió.
Pero no la mordió.

No había manzanas para Nico.
Casi, casi lloró.
Pero no lloró.

Tito picó su manzana.
Le dio un pedazo a Nico.
—Para eso son los amigos.

Nico y Tito corrieron juntos.
Nico saltó al subibaja.
—Súbete —le dijo a Tito.

Tito miró.
Casi, casi se subió.
Pero no se subió.

Nico tuvo una idea.
—Yo te puedo ayudar.

Tito subió al subibaja.
—¡Gracias por tu ayuda!
Nico sonrió felizmente.
—Para eso son los amigos.